a montage of love

preface

   사랑이 내게 남기는 흔적들을 뒤적거렸다. 하나의 흔적은 여러 조각으로 나뒹굴었다. 주워서 맞추어 봐도 흔적의 원형은 돌아오지 않았다. 그래서 글로 옮겨 적었다. 오래된 버릇처럼 흔적을 더듬거렸고 그 감촉을 글로 남겨 수집했다.

   보이지 않는 것의 정체는 정확하게 정의될 수 없다. 다만 언어를 조립하여 그것의 그림자를 표현할 수는 있다. 나는 이를 몽타주라 부르기로 했다. 이 책은 편집된 흔적들의 조합이다. 이로써 내 사랑의 정체에 대한 2차원의 몽타주를 그린 셈이다.

   이 책을 읽으면서 당신 안의 흔적들을 뒤적거릴 수 있기를 바란다. 각각의 몽타주는 각자의 몫이다. 모든 몽타주를 수집해 다시 조합할 때, 사랑의 정체에 대한 3차원의 몽타주를 그릴 수 있을 것이다. 그것의 표정을 나는 자주 상상한다.

2015년 5월
최유수

contents

착각의 미학 · 7

마음에 쥐가 난다 · 9

무게감 · 11

환절기 · 12

ㅅㅏㄹㅏㅇ · 13

내가 그댈 맴도는 이유 · 14

그대의 우주 · 16

말속에 씨앗을 · 18

우연의 창조자 · 19

남겨진다는 것 · 22

버스 터미널 · 24

사랑을 말했다 · 26

사랑에는 온도가 없다 · 28

헤아림의 맞물림 · 31

이해한다는 말 · 33

상처와 공허 · 35

감정의 고립 · 37

수수께끼 · 39

사랑의 역사 · 40

언어 섹스 · 42

사랑은 우주를 관통한다 · 44

증명 · 46

72억 가지 사랑 · 49

세 번째 눈 · 51

상상의 뿌리 · 53

순간의 철학 · 54

모두에게 바라는 것 · 58

사랑의 심지 · 60

서수화 · 61

짙은 농도 · 62

cannon ball · 63

어떤 균열 · 65

순간 속의 영원 · 67

내가 나이기 때문에 · 68

서운함 · 69

잠든 · 72

등대 · 73

사월의 편지 · 75

착각의 미학

사랑의 시작은 대체로 착각이다. 사랑을 촉발하는 착각들을 우리는 착각이 아니라고 착각한다. 애초에 그것이 착각임을 인지하지도 못한 채 착각에 휘말린다. 만약 우리에게 착각이라는 개념이 존재하지 않았다면, 우리가 사랑에 빠지는 일은 극히 드물었을지도 모른다. 아무 연고없이 누군가를 나의 세계 한가운데에 놓고야 마는 그런 맹목적인 사랑은 1/100,000 정도의 확률로 나타나는 돌연변이로 여겨졌을지도 모를 일이다.

착각이 사랑의 촉발탄을 뿌리면 곧 마음의 눈이 먼다. 그로 인해 둘 사이의 어떤 사실들은 객관을 상실하고 오로지 사랑을 발화시키기 위해 작용한다. 사랑의 발화 앞에서, 논리는 착각의 재료로 위장하여 몸을 감춘다.

두 사람 사이의 사소한 공통점을 발명하여 아무리 사소한 것이라도 마치 위대한 발견인 것처럼 착각한다. 자신에게 일어난 보편적인 사건의 의미를 미묘하게 왜곡하여 그것이 특수한 사건인 것처럼 착각한다. 감정적 비약을 통해 다른 누구와도 충분히 공유할 수 있을 법한 감성적 취향을 운명적 사랑의 증거로 착각한다.

착각은 그저 오해일 뿐이다. 인정하기 싫은 자기중심적 확대해석이면서 차마 미워할 수 없는 사랑의 근원들 중 하나다. 두 사람이 만나 사랑에 빠지게 만드는 비논리 낭만주의의 산물이다.

돌이켜보면 분명 착각이 있었음을 느낄 수 있다. 그러나 그것이 착각이었음을 깨달은들, 앞으로도 우리는 그 달콤한 안개에 휘말리게 되는 것을 본능적으로 거부하지 못할 것이다. 우리는 사랑의 착각놀음에 적합한 어리석음을 지니고 태어났기 때문이다. 다만 사랑에 관한 모든 착각에서 우리는 알랭 드 보통의 말처럼 **너이기 때문**이라는 단 하나의 실마리로 모든 오해를 풀어낼 수 있다. 두 사람의 시간이 흐름에 따라 착각은 점차 착각이 아니게 된다.

이것은 사랑의 서사다. 앞으로도 우리는 착각에 휘말릴 것이고, 그곳에서 사랑을 피워낼 것이고, 너이기 때문에 오해를 풀어낼 것이다.

마음에 쥐가 난다

보고싶다라는 말을 꺼내는 것은 하늘에 맞닿아 있는 산의 정상을 올려다보는 것과 같다. 눈에 잡힐듯 보이면서도 보이지 않는, 감당할 수 없는 멀음이 꼭 그러하다. 너의 마음이 상하기라도 하는 날에는 거기에 구름이 끼이는 것이다.

산의 정상에 너는 서 있다. 나의 눈동자는 너의 눈동자와 정확히 일직선을 이루고 있다. 그 사이에는 무색무광의 투명한 우주가 가로놓여 있다. 내 이름을 또박또박 말하는 너의 입 모양에는 소리가 없다. 입술의 움직임은 눈앞에 가져다 놓은 것처럼 선명하다. 너의 혀에서는 빛이 난다. 나는 자꾸만 까치발을 들다가 발끝에 쥐가 난다. 목을 잔뜩 길게 빼어 보다가 목덜미에도 쥐가 난다. 눈동자에서 눈동자 사이를 건너 가려다 수십 번도 넘게 미끄러지고 만다.

보고싶다라는 말에는 꼭 그만큼의 마음이 담겨 말을 꺼내는 순간 내 마음에 종종 쥐가 난다.

무게감

 사랑은 무게를 갖는다. 사랑의 경중을 따지기 위한 상대적인 기준으로서의 무게를 말하는 것이 아니다. 사랑의 무게는 절대성을 가진다. 모든 사랑하는 사람들의 세계에는 그 사랑만이 지니고 있는 절대적인 무게가 있다. 자기 자신만이 감각할 수 있는 무게. 그것은 사방의 수평선이 매몰되어 공처럼 둥글어진 바다의 모습으로 마음 안에 떠 있다. 사랑의 시작과 함께 내내 떠 있다. 떠 있는 동시에 굵직한 두 팔로 내 세계의 가장 깊은 곳을 지탱한다.

 그 무게감으로 나는 중심을 잡는다. 감정의 물길이 흘러 넘칠 때 비틀거리지 않기 위해. 감정이 만드는 그늘을 차분히 걷어내고 나의 세계를 환하게 비추기 위해.

환절기

환절기마다 감기를 앓는다는 사람이 말했다.

계절이 바뀌는 시기에 여느 때처럼 감기에 걸렸다. 아픈 몸을 이끌고 사랑하는 사람을 만났다. 사랑하다 보니 또 한 번 계절이 바뀌어 가고 있었고, 우리의 옷도 계절에 맞게 달라지고 있었다.

내가 이 사람과 이렇게, 또 한 계절을 함께 보냈구나.

아픈 것도 잊고 문득 두근거렸다. 숲 속에 번지는 새 울음소리처럼 어떤 투명한 감정이 온몸으로 퍼져 나가는 것을 느꼈다.

ㅅㅏㄹㅏㅇ

    사랑 이라는 단어를 적어놓고 멍하니 한참 들여다봤다. 고개를 꺾어서 보고, 자모음을 뜯어서도 보고, 다른 모양으로 적어도 보고 하다가, 단어의 속내를 감싸고 있던 틀이 무너졌다. 예쁘게 생겨먹어서 왜 그리 사람들을 평생 고심하게 만드는 건지.

    잘게 쪼개어, 여러 번 더디게 발음해 본다.

    사랑.
    사-랑.
    사-라-ㅇ.
    ㅅ-ㅏ-ㄹ-ㅏ-ㅇ.

내가 그댈 맴도는 이유

사랑하는 사람 곁에 있다 보면 알 수 없는 불가항력에 의해 그에게서 눈을 뗄 수 없게 되는 순간이 있다. 그 사람에게로 향하는 몰입이 극에 달하여 모든 감각이 한곳으로 집중되는 초월적인 순간. 조휴일은 「Ariel」이라는 곡에서 이런 가사를 썼다.

알고 있나요 아직도 내가 그댈 맴도는 이유 너는 나를 당기는 이상한 중력을 몸에 가지고 있어요

이 파트를 좋아한다. 몇 마디 가사로 우리가 사랑에서 느끼곤 하는 불가항력을 떠올리게 한다. 사랑 앞에서 이상한 중력은 나의 모든 감각을 맹렬하게 빨아 당긴다. 한 사람을 향해 당겨지는 나의 감각은 극도로 섬세해진다. 그 사람의 매 순간에, 행동과 눈빛 하나하나에 감응한다. 심지어 나의 존재감을 흡입하여 나의 존재는 일순간 가벼워지고 그의 존재는 내 존재를 제외한 모든 세계를 가득 채운 듯 육중해진다. 그를 향한 몰입을 제외하면 내겐 아무것도 남지 않게 되는 것이다. 몰입은 잔상을 남긴다. 혼자 남겨졌을 때 아득한 몰입의 터널을 지나온 감각의 잔상들이 하나 둘 얼굴을 드러낸다.

사랑은 너의 중력이다. 우리는 행성을 맴도는 위성처럼 사랑하는 내내 사랑 곁을 맴돈다.

그대의 우주

 나도 그랬어. 감정을 발산하는 일은 황홀해. 감정은 자기한테 충실한 사람에게 황홀감으로 보답하거든. 하지만 사랑의 감정을 매 순간 꺼내어 전하는 것만이 감정에 충실한 것은 아니라고 생각해.

 안으로 안으로, 내 안에 꾹꾹 눌러 담아서 쌓아가는 충실함도 있어. 감정을 바깥으로 꺼내야만 사랑을 느낄 수 있는 건 아니잖아. 안팎으로 모두 필요해.

 감정을 동력 삼아 추진하면 사랑의 궤도에 올라탈 수 있지만 감정은 한정적이야. 동력원이 소진되면 이탈을 피할 수 없어. 그래서 감정에 충실한다는 것은 무서운 일이기도 해. 동력이 소진되면 필연적으로 이탈하게 될 테니까. 감정이 돌아서는 순간, 아랑곳 않을 테니까.

 너의 이탈이 두렵다고 해서 도망가진 않을 거야. 다만 나에게 무사히 착륙할 수 있기를 바랄 뿐. 어쩌면 마음 속에 감정을 차곡히 쌓아가는 충실함이야말로 사랑의 착륙을 무사히 이루어 낼 수 있는 건지도 몰라.

    나는 감정을 사랑과 동일시 할 수 없다고 생각해. 감정에 충실한다는 것과 사랑에 충실한다는 것은 달라. 사랑에는 분명 감정을 넘어서는 어떤 의지가 필요하다고 믿어. 그래야만 이탈을 막을 수 있어. 내가 너의 착륙을 도울게.

10월 20일

말속에 씨앗을

사랑 아래에서 우리의 말과 말은 서로 매일같이 투닥거립니다. 아 다르고 어 다르기도 하여 세상 모든 이치가 결국 말장난일 수도 있어요.

그래도 말이란 게 있어서 얼마나 다행인가요. 우리는 말속에 마음의 씨앗을 심을 수 있어요. 마음은 대화 속에서만 드러나고 피어날 수 있답니다.

불필요한 말은 하지 않는 게 상책이라지만, 필요한 말에 대해서라면 잠자코 있어서는 안돼요. 가능한 한 많은 진심을 피워낼 수 있도록 노력해야 해요. 당신만의 방식으로 말의 단어를 골라주세요. 씨앗이 그 사람에게 가는 도중에 스러지지 않도록 씨앗에게 어울리는 단어들을 세심하게 골라주세요.

우연의 창조자

 예컨대, 한 남자가 서울의 어느 지하철 역 계단을 내려가다가 문득 사랑에 대해 생각한다.
 기억의 실뭉치로부터 시간의 올이 풀리듯 그녀와의 시간들이 떠올랐다. 그 역은 남자가 처음으로 사랑한 여자와 자주 왔던 곳이었다. 남자는 계단에서 그녀를 마주치는 상상을 했다. 남자가 내려온 방향으로 그녀는 올라온다. 남자를 알아보고 놀라는 그녀의 표정을 본다. 남자는 순간적으로 다리가 굳는 것을 느꼈다.
 다음 생각으로 넘어가려다가 남자는 흠칫했다. 열 계단 정도 앞에서 내려가고 있는 여자의 뒷모습이 낯익었다. 뒷모습의 주인이 누구인지는 떠오르지 않았다. 그녀는 아니었다. 확실했다. 키는 비슷하지만 헤어스타일이 달랐다. 뒷모습을 나타내고 있는 선과 굴곡이 다른 사람의 것임을 말해주고 있었다. 멀지 않은 기억 속에서 뒷모습의 주인이 떠올랐다. 아는 사람이었다. 가깝지도 멀지도 않으며 아직 거리가 정해지지 않은 무방비 상태의 애매한 관계.

이유없는 반가움에 남자의 손에서는 주저가 사라졌다. 어깨를 톡톡 건드렸다. 여자는 곧장 고개를 돌렸다. 화들짝 놀라며 남자를 알아보지 못했다. 아직 드러나지도 않은 남자의 속셈을 거절하겠다는 듯한 제스처를 취하다가 여자의 눈빛에서 얇고 불투명한 막이 걷혔다.

남자는 반가웠다. 신기했다. 서울 한복판에서 아는 사람을 만난 것도 굉장한데 그 순간이 하필 그런 생각을 하고 있던 참이라니. 남자는 괜히 더 신나서 말을 걸었다. 얼굴이 빨개진 여자의 걸음이 빨라졌다. 남자의 말에 얼버무리는 말로 답하며 탑승구로 들어선다. 남자의 탑승구는 반대방향이었다.

남자는 열차에 앉자마자 메세지를 보낸다. 반가웠다고. 여자도 웃으며 답장했다. 서로 아는 사이지만 둘이서 메세지를 주고받는 것은 오늘이 처음이라는 것을 남자는 문득 생각했다. 메세지는 계속 이어졌다. 여자는 메세지에 정신이 팔려 내려야 할 역을 지나쳤다. 남자는 그런 여자가 마냥 귀여웠다. 오늘 일어난 일이 도대체 무슨 일인가 싶어 웃음이 났다. 남자는 돌아가는 길 내내 여자를 생각했다. 다음 날도, 그 다음 날도. 그 날의 사건이 단순한 우연은 아니었을 거라고 생각했다.

   남자는 역의 계단를 내려오며 다리가 굳던 느낌과 여자의 뒷모습 을 함께 떠올린다. 수백 개의 문 중에서 자신의 이름이 쓰여진 문을 단번에 발견한 듯 여자의 어깨를 두드렸던 자신의 손가락을 떠올렸다. 남자는 자신이 이미 어떤 미지의 힘에 이끌려 익숙한 숲의 문턱 안으로 오른발을 내딛었음을, 정확한 이름을 부여할 수 없는 어떤 시적 감정에 도취되어 있음을 느꼈다.

   남자는 그릇을 빚어 그것을 담아두고 싶었다. 그릇에 담아두고 온몸으로 끌어안고 싶었다. 그 날 밤 남자는 손님이 아무도 없는 작은 소품 가게에서 연두색 그릇을 사는 꿈을 꾸었다.

낡아진다는 것

다가올 모든 순간은 새롭고, 새로운 것은 반드시 낡아진다.

낡아진다는 것은 최초의 빛나는 순간을 대하는 나의 낯설음이 서서히 익숙함이 되어가는 과정이다. 어떤 대상이 내 심리적 안정권 안으로 들어서는 순간부터 시작된다. 모든 것은 낡아지고 낡아지는 모든 것은 맹점에 속해서 우리가 쉽게 알아챌 수 없게 만든다. 어느덧, 그리고 별안간, 익숙한 것이 되어 있다.

늘 그랬다. 입구와 출구가 고정불변인 하나의 터널을 지나 낯설음은 익숙함이 되었다. 그것은 변하지 않았는데 그것을 대하는 나의 태도가 변한 것이다. 몇 년 동안 즐겨듣던 음악이 어느 순간 별로인 것처럼 들리게 됐고, 즐겨입던 셔츠는 어느 순간부터 옷장에서 꺼내지 않게 됐다.

사랑하는 사람과의 관계 속에서 비롯되는 모든 것들

또한 익숙함의 터널을 우회할 수 없다. 마음은 출구를 빠져나오는 모든 것들에 예외 없이 투명한 무언가를 씌워버린다. 어차피 정면으로 통과해야만 한다면, 우리에게 필요한 것은 마음가짐이다. 과거의 나와 현재의 나, 그 사이에 발생한 감정의 간극을 용인할 수 있게 되는 것. 낡아질 수 밖에 없는 모든 권태적 속성을 그 사람으로부터 배제한 채 그 사람을 사랑할 수 있는 것.

  다른 모든 것들이 낡아짐에도 마지막까지 변하지 않고 지켜지는 것이 있어야 한다. 그것은 오직 우리 자신에 의해 발견된다고 생각한다. 그렇지 못한 사랑은 미성숙이다. 낡아진다는 것은 곧 성숙의 기회다.

버스 터미널

　하루를 함께 보내고 각자의 집으로 돌아가야 하는 밤에는 언제나 마지막 포옹이 있다. 그 아쉬운 순간을 떠나보내기 위해 양팔을 떼는 일은 수천 개의 자석을 억지로 떼어내는 것처럼 힘이 든다. 풀려난 팔들은 허공에서 주춤거린다.

　한 사람이 버스 계단을 올라설 때 손을 흔드는 그 아쉬움을 사랑 한다. 바깥에 남은 사람에게 가장 잘 보일 것 같은 좌석에 앉아 창가 너머로 서로를 바라보는 그 아쉬움을 사랑한다. 혹시나 어두워서 잘 보이지 않을까 봐 스마트 폰 액정을 켜고 흔들어 비추는 그 아쉬움을 사랑한다. 버스가 시동을 걸면 출발하기 직전에 무턱대고 내려버리거나 바깥에 남은 사람이 허둥지둥 올라타는 상상을 한다.

　집으로 돌아가는 버스 안에서 고속도로의 밤을 비추며 흘러가는 불빛들을 멍하니 바라본다. 창 너머의 풍경을 향해 있지만 아무것도 주시하지 않는다. 눈을 감으면 하루의 장면들이 슬라이드 필름처럼 지나간다. 의식의 틈이 벌어진 상태로 선잠에 빠진다. 잠을 자고 있는 것은 달리는 버스이고 나는 단지 그 안에 있을 뿐이다. 야간버스 안의 포근한 어둠과 몽롱한 침묵은 나를 다시금 사랑의 순간에 잠기게 한다.

사랑을 말했다

 사랑을 말했다. 온갖 말로 사랑을 표현하려 했지만 말이라는 자루는 오롯한 마음을 담지 못했다. 말만으로는 부족했다. 우스운 일이다.
 그래서 드는 생각인데, 어쩌면 사람보다 사랑이 먼저 났고 사람이 나중에 났다는 이야기가 진짜일지도 모르겠다. 사람이 세상에 태어나고 나서 서로 사랑하게 되면서부터 사랑이 생겨난 게 아니라, 사랑이란 건 사람이 세상에 태어나기 전부터 존재했고 사랑을 어루만지고 끌어안고 싶은 영혼들의 간절한 염원이 결국 사람의 육체를 만들어 내게 된 것이라는 이야기.
 사랑은 언어만으로 전해지지 않았다. 말이 마음을 퇴색시키는 경우도 있었다. 손가락의 움직임, 눈빛의 떨림을 다 전하고도 부족한 것처럼 느껴졌다. 어떻게 하면 내가 느끼는 사랑을 오롯이 전할 수 있을까. 그럴 수 있을 만큼의 오랜 시간을 함께 보내고 난 뒤에야만 겨우

가능한 걸까.

사랑에는 온도가 없다

사랑이 식었다라는 말은 **감정이** 식었다라고 고쳐 말해야 한다. 사랑에는 **뜨겁다, 차갑다, 미지근하다**와 같은 형용사를 붙일 수 없다. 뜨겁게 불타오르는 것은 감정이고 차갑게 식는 것 또한 감정이다. 감정은 가변적일 수 밖에 없고, 수시로 외부의 영향을 받는다. 반면 사랑은 그렇지 않다.

사랑을 희로애락과 같은 일반적인 감정들과 동일한 층위에 놓을 수 있을까? 나는 그럴 수 없다고 생각한다. 사랑은 감정과는 별개의 것이다. 어떤 면에서는 감정이 사랑에 종속하는 경우도 있다. 사랑의 초기에는 다양한 감정들이 사랑으로부터 발아하며 불타오른다. 하루종일 서로를 생각하고, 잠시라도 분리되기 싫은 마음에 밤새 통화를 이어간다. 다음 날 골골거릴지언정 포기할 수 없는 그것은 대체로 감정의 화력 덕분이다.

영화나 드라마에서는 보통 격렬한 순간의 감정들만

을 사랑이라는 서사 속에 포함시킨다. (물론 그렇지 않은 영화도 있다. 사라 폴리 감독의 「우리도 사랑일까 Take this Waltz」 같은 영화가 내겐 그랬다. 로맨스 장르를 특별히 선호하지 않지만, 이 영화는 내가 가장 좋아하는 영화 중 하나다.) 서사의 후반부에 감정이 식으면 사랑이 식었다는 식으로 표현 하곤 한다. 로맨스 장르의 클리셰 중 하나다. 처음의 뜨거움은 필연적으로 식게 된다고 말하지만, 실제로 식는 것은 사랑이 아닌 감정이었다. 감정이 식었다는 이유로 헤어지게 되는 것은 그 사람을 사랑한 것이 아니라 내 감정을 사랑했기 때문이었다.

사랑은 독립적이어야 한다. 보이지 않는 것에 대한 믿음처럼 오직 자기 의지에서 비롯되는 자발성을 지녀야 한다. 이를테면 사랑은 자아와 함께 내면이라는 토양에서 길러지는 생물이다. 이 생물은 외부 영향으로부터 보호를 받으며, 내면의 영양분을 먹고 자라야 한다. 삶 속에서 사랑은 경험과 함께 성장한다. 성장하며 사랑의 줄기는 두터워지고, 뿌리를 깊이 내리고, 고유한 빛깔과 무늬를 갖는다.

몇 번의 사랑을 경험했다고 해서 여러 개의 사랑이 길러지는 것은 아니다. 사랑은 모두 동일체다. 지난 사랑의 경험은 이번 사랑의 양분이 되어 사랑을 성장시킨다. 그 하나가 삶 전체에 걸쳐 있다.

헤아림의 맞물림

  나의 마음과 너의 마음이 같기를 바라는 단순한 마음 때문에 마음에 그늘이 드리울 때가 있다. 그러나 각기 다른 두 마음은 두 지문처럼 서로 같을 수가 없다. 같은 사랑의 의지를 지니고 있더라도 그것이 드러나는 방식은 본질적으로 다르기 마련이다.

  감정의 원인과 감정을 표현하는 방식도 다르고, 상대방의 감정과 행동을 받아들이는 방식 또한 다르다. 두 사람의 마음은 같은 상황에도 같은 방식으로 작용하지 않는다. 그래서 오해하고 서운해한다. 내가 그랬다.

  네 마음은 내 마음과 다른 것 같아.
  네 마음은 왜 내 마음보다 못하지?
  나는 이만큼이나 너를 사랑하는 마음을 가지고 있는데, 내 생각에 너는 그만큼의 마음인 것 같지 않아.
  너의 행동과 방식이 내 마음에 들지 않아.

여행을 가더라도 누구는 혼자 기차를 타고 걷는 여행을 선호하고 누구는 자가용으로 편하게 다니는 여행을 선호하는 것처럼, 여행을 떠나려는 마음과 여행을 받아들이는 방식이 저마다 다른 것처럼, 사랑을 이어나가는 방식도 다르다. 방식이 다르다고 해서 덜 사랑하거나 더 사랑하는 것도 아니다. 사랑에서 우열이나 양적 비교는 무의미하다.

사랑하는 사람의 방식을 헤아려 존중해 주는 것 또한 사랑이다. 차이에 대한 존중이야말로 사랑의 본론에 해당한다. 이는 어쩔 수 없이 괴로움을 동반한다. 타인의 그 어떤 아픔보다 내 손톱 밑의 가시가 더 아픈 것처럼 나의 서운함이 그의 방식을 헤아리려는 마음보다 앞서기 마련이다.

그러므로 서로 맞물려야 한다. 방식의 차이를 인정하는 헤아림과 헤아림이 맞물릴 때 괴로움은 감내된다. 헤아림이 맞물리는 것은 사랑의 본론에 반드시 수반되어야 할 공통 방식이다.

이해한다는 말

 너를 이해할 수 있어라는 말보다 네 마음이 어떤지 조금은 알 것 같아라는 말을 나는 좋아한다. 후자와 같은 말은 어절의 사이마다 그 사람이 불어넣은 듯한 온기가 느껴진다.

 전자의 말은 어쩐지 차갑게만 느껴진다. **그래, 맞아. 이해해.** 와 같은 말은 더욱 차갑게 느껴진다. 내가 그 사람의 마음이 되어 볼 수 없는 이상 타인의 마음을 이해한다는 것은 절대로 불가능한 일이니까. 실은 전혀 이해하지 못했으면서 마치 모든 것을 이해한다는 듯한 어감으로 들릴 때가 있다. 뭘 이해한다는 거지?

 이해한다는 말은 쉽게 말하여질 수 없는 말이라고 생각한다. 만약 상대방을 위하려는 마음이 진심이라면 그 말은 위로나 공감을 표현하는 말로 대체되어야 한다고 생각한다. 그렇지 않으면 무책임한 말이 되기 쉽다. 위로의 말을 건네거나 공감을 표현하는 일이 어렵게 느껴진다면, 차라리 귀 기울여 들어주기만 하는 쪽이 낫다.

두 가지 말을 무심코 듣기만 한다면 별 차이가 없을지도 모른다. 나는 그 말들이 무심코 들리지가 않았다. 이해하고 싶은 마음을 전하는 말이라면 나는 에둘러 말하는 듯한 표현이 좋다. 더 고맙고 와닿는다. 나 또한 위로와 공감의 온기를 표현할 수 있도록 늘 노력할 것이다.

상처와 공허

　누군가에게 상처를 주었던 경험은 자기 마음 한구석에도 그만한 크기의 공허를 남긴다. 그렇게 남겨진 공허는 산과 산 사이의 왜소한 골짜기처럼 삶의 극히 작은 부분을 차지하고 있지만 오랜 시간 동안 메워질 수 없는 공간이 된다. 휑한 골바람만이 가끔 훑고 지나갈 뿐이다.

　공허의 원인에 대해서는 어떠한 변명도 용인되지 않는다. 이미 변명의 대상을 잃어버렸기 때문이다. 청산되지 않는 마음의 빚은 회한이 되어 삶 속에 기생한다. 이따금 억누를 수 없을 만큼 솟아오르는 회한은 서툴었던 지난 날 사랑의 기억을 대행한다.

　상처는 완전히 아물어질 수 없고 공허는 무엇으로도 메워질 수 없다. 누구나 회복되지 않는 상처와 공허를 하나쯤은 지니고 살아간다. 이것은 한 명의 서투름으로 인해 두 명의 고통이 다시 되풀이되지 않게 하려는 사랑의 극단적 처방일 것이다.

감정의 고립

사랑꾼 올라프가 말했다.

"사랑이란 다른 사람이 원하는 것을 내가 원하는 것보다 우선순위에 놓는 거야."

정말 그랬다. 거역할 수 없는 단 하나의 법칙이 내 세계의 중심을 뒤흔들어 놓기라도 한 것처럼 그렇게 되었다. 사랑은 마치 세상에 내가 태어나기 이전부터 나라는 존재의 근간을 이루고 있는 거대한 무엇인 것 같았다. 주체할 수 없는 무언가가 뿜어져 나왔고 나는 그것을 통제할 수 없었다.

때로는 감정조차 나의 것보다 그의 것을 맨앞에 두었다. 내 감정들을 제쳐두고 그의 감정들에 감응하기 위해 온 힘을 쏟았다. 나의 어떤 감정은 그에게 감지되지 않았고, 몇몇 감정은 아예 그의 감정사전에 속해 있지도 않았다. 주로 서운함에 관한 감정이었다.

어느 누구에게도 수용되지 못한 내 감정들은 갈 곳을 잃고 고립되기 시작했다. 어떤 감정이 길을 잃었다고 해서 절대 그 감정을 포기해서는 안 된다. 고립된 감정은 죽은 감정으로 박제되기 때문이다. 그러나 방황하는 감정들의 일부를 나는 포기했다. 죽어서 박제된 감정들이 하나 둘 늘어 갔고 그것들이 내 내면의 모퉁이를 부유하는 모습을 그저 지켜볼 수밖에 없었다.

그런 상황이 계속되자 나는 나를 잃어버리고 말았다. 그가 우선인 사랑은 나에게 행복감을 주었지만 나를 잃어버린 사랑은 내 안의 중요한 무언가를 서서히 침잠시켰다. 사랑을 하면서 스스로를 잃지 않는 것은 사랑만큼이나 중대한 일이다.

아마도 내가 미숙했기 때문일 것이다. 그도 그랬을 것이고 많은 사람들이 그래 왔을지도 모른다. 우리는 사랑 앞에 미숙할 수 밖에 없는 한낱 사람이므로. 사랑은 감정 너머의 것이지만 서로의 감정이 고립되지 않도록 손을 내밀어 맞잡아 주는 것 또한 사랑의 일부다. 휘둘려서도 안되고 소홀히 다뤄서도 안 된다. 모든 것이 완벽한 사랑은 없겠지만 최소한 스스로를 잃지 않고 사랑할 수 있도록 감정의 고립을 막아야 한다.

수수께끼

우리가 물고기나 해바라기가 아니어서 정말 다행입니다. 함께 이 세계의 수수께끼를 조금씩 풀어나갈 수 있어서 다행이에요.

사랑의 역사

누군가와 헤어지더라도 그 사랑은 완전히 종결되지 않는다. 이별 후 점차 그 시간을 잊게 된다 하더라도, 바래지는 것일 뿐 사라지는 것은 아니다. 더 이상 서로가 사랑하지 않는다고 해서 그 사랑이 소멸하는 것도 아니다.

지난 사랑은 지나온 시간 속에 머물러 있다. 사랑은 매 순간 시간의 뜨개질에 의해 오밀조밀 꿰어지고, 이별이라는 매듭을 짓는 순간부터 한 벌의 낡은 스웨터가 되어 남겨진다. 시간과 뒤엉킨 채 기억의 저편에 저장된다. 우리 힘으로는 그 매듭을 풀고 시간을 거스를 수 없기 때문에 시간이 흐를수록 바래져만 갈 뿐이다. 지난 사랑을 증거하는 사진과 기록을 들춰볼 때 우리가 느끼는 막연한 단절감 같은 것은, 바로 그 매듭 때문이 아닐까.

어떤 존재가 기억에서 잊힌다고 해서 완전히 사라지

는 것은 아니다. 시간 속에 꿰어진 역사까지 사라지는 것은 아니기 때문이다. 사랑도 마찬가지다. 사랑의 역사는 흔적을 남긴다. 그 흔적은 우리에게 흡수되어 우리를 성장시키고, 다음 사랑에서 반드시 발현한다. 내가 사랑하는 사람 또한 같은 성장을 겪어왔을 것이다.

    사랑의 역사는 과거의 그림자가 되어 우리를 따라오기만 하는 것이 아니라, 현재의 사랑을 비추는 빛이 되어 서로를 더욱 세심하게 들여다볼 수 있도록 돕는다.

언어 섹스

있잖아. **좋아해, 사랑해**와 같은 말들은 고작 세 글자를 엉성하게 꿰어놓은 말이라서 전하려는 마음을 다 담아낼 수가 없어. 줄줄 새어나가지, 젠장. 말은 너무 불완전해. 마음을 다 담을 수 있는 말이란 게 있기나 할까. 있다면 마구 써먹었을 텐데.

생각해 본 적 있어? 그런 말이 있다면 아마 잘빠진 향수병처럼 생겼을 거야. 한 줌도 새어나가지 못할 정도로 튼튼하겠지. 먼저 병을 입에 물고 사랑을 속삭여. 상대방은 그걸 귀로 흡입하는 거야. 귓속에서 살살 녹아서 어깨가 움츠러들 정도로. 말을 어떻게 병에 담냐고? 언젠간 가능하겠지, 뭐.

생각해 봐. 마음이 고스란히 전해지는 말이라니, 정말 황홀할 것 같지 않아? 그렇게 되면 대화가 섹스를 대체할지도 몰라. 아니, 육체적 쾌락과 정신적 쾌락이 나뉘는 거지. 이름하여 언어 섹스! 그렇게 되면 몸으로 하는 섹스는 그저 번식을 위한 행위로 전락하지 않았을까? 물론 육체적 쾌락도 완전히 포기하진 않겠지. 만약 둘 중에 하나만 고를 수 있다면 언어 섹스의 정신적 쾌락을 선택하겠어. 아, 솔직히 잘 모르겠다. 아무튼 상상할 수 없을 만큼 황홀할 거야.

그런 게 만약 실제로 존재했다면 아마 사람들은 전부 사랑에 미쳐서 허우적거렸을 걸. 사랑을 주고받느라 세상이 어떻게 돌아가는지 따위는 조금도 신경쓰지 않았을 거야. 사람은 사랑 하나로도 충분히 살아갈 수 있잖아. 사랑만 평온하면 엉망진창인 세상 따위는 아무런 문제가 되지 않거든.

누가 그런 말을 발명해 내기라도 한다면 반드시 노벨사랑상 같은 걸 줘야 해. 왜 노벨사랑상은 없을까? 언어 섹스 같은 게 여태 발명되지 못한 건 노벨사랑상이 없었기 때문일지도 몰라. 사랑과 평화! 사랑은 왜 쏙 빠져있느냐 말이야. 문학과 예술에서 최고의 단골 주제가 바로 사랑 아냐? 사랑을 빼놓고 삶을 논할 수 있냐고. 진작 노벨사랑상을 만들어서 줬다면 지금쯤 그런 말이 이미 발명됐을지도 모를 일이지. 멍청한 사람들.

사랑은 우주를 관통한다

"우주는 실험해 볼 수 없다. 다만 관측할 뿐이다."라는 문장을 어디선가 읽은 적이 있다.

우리는 공통의 우주 속에서 개별의 우주를 살아간다. 모두가 하나의 우주다. 나는 너라는 우주를 실험해 볼 수 없다. 다만 누구보다 가까이서 관측할 수 있다. 너의 우주를 가늠하여 나의 우주에 재현하는 것이다. 무한히 팽창하는 우주의 한계를 이해할 수 없는 것처럼 우리는 서로의 우주를 이해할 수 없다. 이해할 수 없으므로, 이해하기 위해 우리는 믿는다.

영화 「인터스텔라Interstella」를 개봉하자마자 관람했다. 물리학에 관해서는 잘 알지 못하기 때문에 내 나름의 감상에 대한 기록을 짧게 남겨 둔다. 감독은 자신의 우주로 관객을 능숙하게 끌어들였다. 자연스레 배치해 둔 복선들은 영화가 끝난 후 서사를 회상할 때가 되어서야 하나하나 되살아났다.

영화 속 흐름의 결정적인 순간에 쿠퍼와 브랜드의 선택은 갈라졌다. 각자의 사랑을 믿음으로써 비록 선택은 갈라졌으나 영화의 결말은 둘의 선택이 모두 옳았음을 보여준다. 브랜드는 이성을 거부하고 사랑이 보내는 전언을 따라 불확실성을 향해 기꺼이 몸을 던지려 했다. 쿠퍼를 5차원 공간으로 이끈 것은 사랑이었고, 머피로 하여금 옥수수밭에 불을 질러 2층 서재로 돌아가게 한 것도 사랑이었다. 그들은 각자 자기 자신의 사랑이 이끄는 대로 해야 할 일을 했다. 결과적으로 그들의 사랑이 우주를 관통했다고 말할 수 있다. 이 영화의 배경인 우주와 물리학은 맥거핀macguffin에 불과했을 거라고, 감독은 결국 인간의 사랑, 그 정체의 존엄성에 대한 메세지를 전하고 싶었을 거라고 생각한다.

우주를 상상하다보면 비좁은 내 상상의 영역 안에 우주를 구겨 넣을 수 없어 상상의 틀이 터져버릴 것만 같다. 영화 속 한스 짐머의 음악도 그렇게 말하는 듯했다. 영화를 보면서 오직 음악의 에너지만으로 영혼이 고양되는 느낌을 받고 눈가가 부예진 것은 처음이었다.

증명

 영화 「인터스텔라Interstella」를 보고 여운이 가시지 않아서 영화 「콘택트Contact」를 연달아 보았다. 이 영화 또한 우주를 주제로 하지만 믿음이라는 주제가 영화를 관통한다. 1997년에 개봉한 작품이지만 2014년의 작품과 견주어 결코 뒤지지 않는 영화였다. 보이지 않는 것의 존재를 어떻게 증명할 수 있는가? 과학자와 신학자의 믿음은 무엇이 다른가?

 영화는 어떠한 답도 내려주지 않은 채 믿음이라는 관념에 대해 스스로 묻고 곱씹어 보게 만든다. 내 기억 속에 선명하게 각인된 영화 속 장면이 하나 있다.

 천재과학자 앨리는 신학자 팔머(흥미롭게도 이 역할을 맡은 배우는 영화 「인터스텔라Interstella」의 주연 매튜 맥커너히였다.)에게 묻는다. 신은 세상을 창조해 놓고 왜 증거를 남기지 않았나? 신은 소외된 인간들이 의지할 대상을 필요로 하여 창조해 낸 가상의 존재가 아닌

가? 신은 정말 존재하는가? 존재한다면, 증거를 보여달라. 팔머는 앨리의 질문에 답하지 않고 되레 엉뚱한 질문으로 응한다.

아버지를 사랑했나요? (앨리의 아버지는 앨리가 8살일 때 죽었고, 극중 아버지에 대한 앨리의 사랑이 중요하게 다뤄진다.)
네, 아주 많이요.
증명해 봐요.

앨리는 순간 할 말을 잃는다. 무신론자인 나 또한 팔머의 말에 할 말을 잃었고 아무런 생각도 나지 않았다. 이 장면은 마치 카프카의 도끼처럼 내 세계의 얼어붙은 종교관을 내리쳤다.

도대체 믿는다는 것은 무엇인가? 나는 줄곧 사랑의 존재를 믿어 왔지만 신의 존재는 믿지 않았다. 믿음은 마법인가? 착각인가? 어디선가 종교를 비하하는 농담으로, **한 사람이 미치면 정신병자, 단체로 미치면 종교**라고 쓴 문구를 본 적이 있다. 믿음이라는 관념의 정체를 이해하거나 표현할 수 없었기 때문에 미쳤다는 말로 단정지어버린 것인가? 그 이상 생각의 진전을 포기해버린 것인가? 그렇다면 역사 속의 무수한 사랑의 담론들, 문학과 예술로 끊임없이 사랑을 다뤄 온 인류 전체가 미친 것인가? 미쳤다는 말로밖에 표현할 수 없다는 것은 우리의 이성으로 도달할 수 없는 어떤 초월적인 것이 존재한다는 사실의 반증이 아닐까?

어쩌면 믿는 행위와 그 믿음 자체가 믿음의 대상이 되는 존재를 증거하고 있는 것일지도 모른다. 존재를 믿는 것이 아니라, 믿기 때문에 존재한다는 것.

72억 가지 사랑

1

누군가를 사랑한다는 것의 의미는 각자 다를 수밖에 없다. 개인이 사랑의 경험을 통해 받아들이는 직접적인 느낌들과 사랑의 총체적 관념으로서 통용되는 간접적인 느낌들에는 분명히 어떤 간극이 존재하기 때문이다.

그렇다면 세계 인구가 72억 명 정도니까 사랑의 정의도 72억 가지 정도 되는 걸까? 사람마다 자신의 사랑을 뭐라고 정의할까? 내가 그를 사랑하는 것과 어떤 사람이 그가 사랑하는 사람을 사랑하는 것에는 어떤 차이가 있는 걸까. 나를 사랑한다고 말하는 그가 나를 사랑한다고 하는 것은 어떤 의미를 지니고 있을까. 우리는 나 이외의 사람들이 스스로 정의하는 개별적 사랑의 의미에 대해 영원히 알 수 없는 걸까.

2

　사랑의 총체적 관념과는 별개로 각자의 세계에서만 적용되는 사랑의 의미와 방식이 독립적으로 존재한다. 자기 고유의 의미를 갖는 것이다. 그것을 스스로 믿는 마음이 곧 사랑에 대한 신념이 된다.
　우리가 사랑을 믿는 이유는 사랑을 직접 경험했음에도 불구하고 그것이 눈에 보이지 않기 때문이다. 믿어야만 자신이 경험한 알 수 없는 것의 정체를 저마다 나름대로 해석하고 수용할 수 있으므로.

세 번째 눈

나는 신을 믿지 않는다(고 생각한다).
나는 귀신을 믿지 않는다(고 생각한다).
나는 영혼을 믿지 않는다(고 생각했지만 지금은 거의 믿어진다).

정혜윤 작가는 『여행, 혹은 여행처럼』이라는 책에서 이렇게 말했다. 영혼은 자기를 닮은 영혼을 알아본다. 나는 이 말이 믿어진다. 여기서 말하는 영혼은 무엇일까. 내가 느낄 수 있는 분명한 것은 모든 사람이 그런 눈을 하나씩은 가지고 있다는 점이다. 물론 그 눈의 시력은 사람마다 다를 수 있다.

그는 이렇게도 말했다. 우리는 사랑하는 사람의 얼굴에서 **최고의 나**를 본다. 나는 이 말 또한 믿어진다. 우리는 사랑하는 사람을 거울 삼아 자신의 영혼을 비춘다. 우리는 **최고의 나**를 비춰 줄 수 있는 거울을 식별하기 위한 영혼의 눈을 가졌다. 이것은 우리 모두가 고독한 존재로 남겨지지 않도록 하기 위해 부여받은 타고난 능력이라고 생각한다.

아무리 생각해도 당신 앞의 나는 우연이 아니다. 우리 앞의 모든 그 사람은 결코 우연이 아니다. 우리가 그 사람의 얼굴에서 단 한 번이라도 **최고의 나**를 봤다면, 그것은 우리가 자기를 닮은 영혼을 알아볼 수 있다는 증거다.

상상의 뿌리

 사랑하는 사람에 대한 불안한 상상은 산불처럼 삽시간에 번져나간다. 마음 먹고 멈추지 않으면 꼬리에 꼬리를 물고 끝도 없이 뻗어나가 온 마음을 불태운다. 불안한 상상이 종착하는 곳은 백해무익한 우울의 잿더미 속이다. 그전에 상상을 진압할 줄 알아야 한다. 상상이 뻗어 나온 줄기를 거꾸로 거슬러 뿌리까지 돌아오자. 우리가 갈구하는 사랑의 확신은 반드시 그곳에 있다.

순간의 철학

1

사랑에 빠진 사람이라면 누구나 필연적으로 경험하게 되는 순간이 있다. 시간을 멈추고 싶을 만큼 행복에 겨운, 이 이상 높은 곳이 없을 것 같은 아찔함에 질끈 눈을 감아버리게 되는 순간. 그와 동시에 이 순간이 곧 지나갈 순간임을 알고 있기에, 순간의 쾌감을 등에 업고 가장 낮은 곳으로 낙하해야만 하는 절망의 순간.

영원히 변하지 않는 것, 그것은 아마 **시간은 멈추지 않는다**는 사실뿐일지도 모른다. 그런데 만약 잠깐이라도 시간을 멈출 수 있게 된다면? 멈춰서 내가 원하는 순간을 마치 손 안에 감싸 쥐듯이 좀 더 오래 만끽할 수 있게 된다면? 그러면 우리는 지금보다 더 행복할 수 있을까?

가까운 미래에 특수한 기술을 개발하는 데 성공하여

행복한 순간의 일시적 연장이 가능해졌다고 치자. 예를 들어 일정 금액을 지불하고 5분 정도 시간을 멈춰서 어떤 특정한 순간을 그만큼 길게 누릴 수 있는 것이다. 이 공상과학의 결말은 명료하다. 5분 후 다시 시간이 흐르게 되거나, 완벽한 기술로 업그레이드되어 행복한 순간의 무한한 연장이 죽음을 대체할 수 있게 되거나. (반대로 생각하면 영원히 그 순간 속에 갇혀 사는 것이다.)

영원한 쾌락의 냉동고 속에서 살고 싶어 하는 특별한 경우가 아니라면, 결국 시간은 반드시 다시 흐를 것이고 우리는 거기에 순응해야만 한다. 시간을 일시적으로 멈추는 것은 무의미하다. **삶은 단 한 번밖에 주어지지 않기 때문에 없는 것이나 마찬가지**라고 쿤데라가 말한 것과 같은 맥락에서.

모든 일에는 반드시 끝이 있다. 쾌감이 절망을 동반하는 것처럼, 모든 시작은 끝을 동반한다. 한 쌍의 시작과 끝은 하나의 수직선 위에 놓여 서로를 향해 달린다. 사랑하는 사람과의 어떤 하루가 아무리 즐거워도 하루의 끝은 어김없이 찾아온다. 모든 일의 끝은 매 순간 우리를 향해 부지런히 달려오고 있다. 우리의 모든 순간을 관통해 지나쳐 가는 것은 시간에게 부여된 영원한 숙명이다.

2

만약 시간이 영원히 멈추지 않는 것이라면, 사랑을 시간에 실어보냄으로써 사랑 또한 영원할 수 있지 않을까? 영원한 트랙을 달리는 시간이라는 열차에, 너와 나의 생이 끝나는 그 순간 우리 사랑을 그대로 실어 보낼 수만 있다면.

3

우리는 순간을 손 안에 쥐어 볼 수 없다. 다가올 순간은 매 순간 가장 낯선 순간이 되고 우리에게는 지금 이 순간 외에 다른 어떠한 순간도 주어지지 않는다. 나에게 축적된 지난 모든 순간의 총합은 곧 나이며 나를 지나쳐 간 과거의 순간은 나의 일부로서만 말하여질 수 있다.

실제적 사랑의 감각은 결국 현재에만 있는 것이다. 사랑은 지금 이 순간과 바로 다음 순간의 틈새에서 생동한다. 과거의 사랑은 지금 부재하고 미래의 사랑은 아직 오지 않았다. 지금 내가 감각하고 있는 사랑의 과거와 미래에 대해서는 함부로 말하여질 수 없다. **영원히 널**

사랑할게. 이제부터라도 더 잘 할게. 약속과 맹세는 사랑의 언어에 속하지 않는다. 그것은 자신의 내면을 향한 다짐과 독백의 언어다. 사랑의 과거와 미래는 서로에 대한 무결한 믿음으로서만 말하여질 수 있다.

그러므로 지금 이 순간 어떻게 사랑하고 있는지, 바로 다음 순간 어떻게 사랑할 것인지, 그 순간에 대한 스스로의 확신은 가장 중요한 사랑의 태도 중 하나다.

모두에게 바라는 것

 영화 「비포선라이즈Before Sunrise」를 보았다. 영화가 끝나기 전에 글을 남겨 놓아야 할 것만 같은 느낌이 들었다. 곧장 영화를 멈추고 글을 쓴다.
 제시와 셀린이 즐거워할 때 나는 슬퍼했고, 슬퍼할 때 나는 미소를 지었다. 사람은 참 바보같다. 맹세를 단언하는가 하면, 맹세는커녕 자기 감정에 솔직하지 못할 때도 많다. 또한 자기 생각을 말하기보다 남의 생각에 대해 떠들어대는 것을 더 좋아하기도 한다. 사랑은 끝이 보이는 길이라며 쉽게 단정짓기도 하고, 반드시 영원해야만 하는 것처럼 숭배하기도 한다.
 누구든 사랑에서 후회를 경험한다. 오늘 밤으로부터 6개월 후를 약속하는 것은 어리석은 일이다. 그 누구도 미래의 순간을 장담할 수 없다. 그러나 어리석기 때문에, 사랑은, 사람은, 인생은, 재미있다. 시간을 거스를 수 없기 때문에 아름다워질 수 있는 것이다.

시간이라는 것을 제외한 삶의 모든 것은 그 삶의 주인에게 달렸다. 그동안 무엇을 느꼈고 무엇을 간직하게 되었느냐가 중요하다. 설렘과 두려움, 애틋함과 아릿함. 가슴 벅차는 여러 감정들을 억누르려 하지 말자. 스스로에게 더 많은 감정을 허락하는 삶을 살았으면 좋겠다. 나에게, 너에게, 그리고 모두에게 바란다.

사랑의 심지

시간은 우주를 바깥으로 팽창하게 한다. 그와 동시에 모든 사랑을 그 사람의 내면으로 깊어지게 한다. 블랙홀 안에 무한한 공간이 펼쳐져 있는 것처럼, 하나의 구심점으로 스며들고 그 안에서 사랑은 깊숙이 펼쳐진다. 시간이라는 동력은 무섭도록 공평하고 균일하게 팽창의 속도를 유지한다.

그 안에서도 풍화가 진행된다. 시간은 메마른 바람과도 같아서, 물기 가득한 사랑의 첫 번째 채색을 서서히 건조시킨다. 범인은 늘 시간이었다. 선명하고 강렬한 채색은 그것이 첫 번째 채색일 때만 가능했다.

메마른 바람이 스쳐간 자리에는 곧 텅 빈 색깔이 칠해진다. 그것이 반복되고 공백 위에 공백이 덧칠되면서 우리 마음의 눈꺼풀 위에는 녹지 않는 눈처럼 어떤 힘이 소복이 쌓여 간다. 나는 그것이 어떠한 바람에도 풍화되지 않는 사랑의 심지일 거라고 생각한다.

서수화

 사랑은 서수화되지 않는다. 하나가 곧 전부인 단수명사이기 때문이다.

 첫 번째는 첫사랑, 두 번째는 몇 년 전의 누구, 세 번째는 지난 번의 누구. 이런 식으로 사랑의 순서를 구분하여 정렬하거나 나열할 수 없다. 한 사람으로부터 다른 한 사람에게로 향하는 사랑은 그 자체로서 하나의 갈래인 동시에 전부가 된다. 누군가를 거쳐갈 때마다 계속해서 합이 되는 것이다.

 사랑은 삶이라는 거대한 원과 동심원을 이루는 유일한 원이다. 그 안에서 사랑은 삶과 매 순간 유동적으로 공명한다.

짙은 농도

가장 나다운 모습으로 누군가를 대할 수 있을 때, 우리는 그 사람과 가장 친밀한 관계에 있다고 말할 수 있다. 나다운 모습이란 100%에 가까운 짙은 농도의 내 모습을 의미한다.

가장 친밀하기 때문에 가장 나다울 수 있는 것이 아니다. 정반대의 이야기다. 누군가에게 내 생각을 가감 없이 말할 수 있고, 조작되지 않은 날것의 내 감정을 표현할 수 있고, 혼자 있을 때의 내 모습이 은폐되지 않을 때, 우리는 내가 그 사람을 사랑하고 있음을 느낄 수 있다. 아무런 억제 없이 본래 모습을 폭로할 수 있을 때 우리는 사랑을 체감한다.

cannon ball

 어떤 음악을 듣고 있으면 과거의 특정 순간에 대한 감정이 사방에서 휘몰아친다. 갑자기 누군가 내 귀를 틀어막은 것처럼 모든 사운드가 웅웅거리며 배경에 깔리고, 휘몰아치는 감정의 서슬은 움직이는 영상으로 재생된다.

 어떤 기억에 새겨진 음악은 고요한 호숫가 위로 던져지는 돌덩이 같다. 기억의 세계에 그 음악이 재생되면, 이 무정한 돌덩이는 수면 위로 몸을 내던진다. 주파수가 어긋난 텔레비전처럼 호수가 요동치는 순간 과거의 내 모습이 수면 위로 떠오른다. 그럴 때마다 돌이키고 싶은 마음이 강하게 들었지만, 돌이킬 수 없음을 받아들이는 데까지는 그리 오래 걸리지 않았다. 다만 그 감정을 가라앉게 두지 않았다. 차라리 힘껏 끌어올려 곱씹었다. 기꺼이 과거의 내 모습을 마주하고 과거의 감정을 되새겼다. 돌덩이는 죄가 없으니까.

나는 영원히 호수에 던져진 돌덩이를 탓할 수 없고, 과거의 내 모습을 버릴 수도 없다.

어떤 균열

 사랑하는 사람과의 말다툼에서 상처를 받았던 말들의 대부분 그 사람의 진심으로부터 나온 말이 아니었다. 우발적으로 튀어나온 말이었고 일부러 못되게 구는 말이었다.

 감정이라는 분화구는 주인의 동의 없이 아무런 말이나 쏘아 보내기도 한다. 그런 말은 덜 다듬어져서 냉랭하고 날카롭다. 베이는 것도 모르고 있다가 깊은 곳을 베인다. 사랑에 대한 믿음으로부터 나는 그 말이 그 사람의 진심은 아니라는 것을 알았다. 상처에도 불구하고 더 괴로운 것은 상처의 고통이 아니라 툭툭 팽개치는 말투의 냉담함이었다. 혹시나 이대로 사랑이 끝장나는 것은 아닐까 두려워 나락으로 떨어지는 듯한 기분이 들기도 했다.

 다툼이 진전될수록 내 마음은 그 사람을 책망하려던 흥분을 가라앉혔고 다툼의 이유를 잃어버렸다. 반대로

서글픔과 절망감은 깊어졌다. 자존심은 이미 안중에도 없었고 나 스스로를 벼랑 끝으로 몰기도 했다. 상처를 받은 사람은 분명 나였던 것 같은데, 다툼의 끝에서 그의 입에서 나오는 한 마디 밧줄에 안절부절 매달리고 있는 것도 나였다.

눈물이 새어 나왔지만 그를 빌미로 흘리는 눈물은 아니었다. 나 자신에게로 흘리는 눈물이었다. 감정의 범주로는 분류되지 않는 어떤 균열의 눈물이었다.

순간 속의 영원

사랑해라는 말이 내 입술을 떠나는 찰나에, 주변의 모든 것이 필름 위로 흡착된 것처럼 멈춰버리는 듯한 느낌을 받을 때가 있다. 사랑한다는 너의 말이 내 귓속에 닿는 찰나에도 그렇다. 쉼없이 달려야만 하는 운명을 지닌 시간조차, 대뜸 발을 멈추고 가만히 우리를 바라보는 듯한 경이로운 느낌.

영원한 순간은 존재하지 않는다. 우리는 순간 속에서 영원을 경험한다.

내가 나이기 때문에

나는 가진 것도 별로 없고 못난 점도 많지만 내가 나이기 때문에 가질 수 있는 특별함이 분명히 있을 거라고 되뇌곤 한다. 내가 나이기 때문에 나를 사랑해 주는 사람들이 있고, 그 사랑이, 일종의 세속적 비교우위에 속하는 특별함을 많이 가진 다수의 사람들 속에서, 내가 나를 특별한 존재라고 느낄 수 있게 하는 굳은 믿음이 되어준 덕분이다.

나보다 멋지고 대단해 보이는 사람은 세상에 수두룩하다. 불필요한 시기심에 자존감이 떨어질 때도 있다. 그러나 잘 생각해보면, 그 모든 것은 내가 나이기 때문에 받을 수 있는 사랑의 고유한 특별함에 결코 비할 수 없다.

서운함

　사랑하는 사람에게 서운한 감정이 생겼을 때 그 감정을 현명하게 다룰 수 있는 사람은 많지 않다. 서운함을 잘 다루기 위해서는 두 사람 모두 여간 세심하지 않으면 안 된다. 그 정도의 세심함을 누구나 가지고 있었다면 아마 우리는 서운함이라는 감정을 모르고 살았을 것이다.

　그 사람의 어떤 행동 때문에 마음이 상하면 그것은 이미 혼자서는 걷잡을 수 없는 중대한 사건이 된다. 그 사람으로 하여금 어떤 방식으로든 나의 스멀거리는 감정의 기운을 감지하게 함으로써 해결의 첫 단추가 끼워진다. 그러나 이미 서운함의 방죽이 터져 있는 상태에서는 무슨 말을 들어도 속상하기 마련이다. 말만으로는 이미 터진 서운함을 메꿔줄 수 없으니까. 그 사람 또한 당장은 이성적으로 상황을 파악하지 못하고 어쩔 줄 모르게 된다. 나는 자꾸 서운함만 쏟아 내고 그는 자꾸 궁지에 몰린다. 서운함은 억센 감정이다. 여기에 휩싸이면 이성이 쉽게 매몰되기 때문에 서로의 입장을 잘 헤아려 주지 못하게 된다.

서운한 감정은 실체가 없다. 우리 마음에 서운함 개폐 장치 같은 것이 장착되어 있어서 이를 켰다 껐다 하는 것이 아니라, 어느 순간 잠시 찾아오는 것이다. 마음이 넓은 대지라면 서운한 감정은 그 땅에 흘러 들어온 구름이다. 구름 때문에 잔뜩 그늘이 드리우고 바깥에 보여야 할 상대방의 마음이 가려지는 것이다. 심하면 우박이 쏟아질 때도 있다.

구름은 반드시 지나간다. 서운한 감정 또한 시간을 거스를 수 없기 때문에 머지않아 지나간다. 알면서도 항상 어렵다. 완전히 지나갈 때까지 잠자코 기다리는 것도 속이 끓는 일이다. 잠깐 머무르는 주제에 참 효과적으로 마음을 괴롭힌다. 서운한 사람은 차분함을 되찾는 연습을 해야 한다. 마음이 상했다고 해서 자꾸 쏘아붙이려고 해서는 안 된다. 서운한 감정이 들게 된 연유에 대해 솔직하게 그리고 가능한 한 정확하게 말해 주는 것이 좋다. 그러나 역시 가장 힘든 것은, 서운함에 속이 끓는 괴로움보다 서운함의 이유를 말로 꺼내는 일이다.

그러므로 서운하게 만든 사람은 가장 먼저 그 사람의

서운한 감정에 적극적으로 공감해 줄 수 있어야 한다. 또한 어렵게 서운함을 토로했다는 것, 그 행동 자체에 대한 고마움이 느껴질 수 있도록 대응해야 한다. 직접적으로 고맙다고 말하기보다는 그냥 그런 마음이 자연스럽게 와닿을 수 있도록 말이다. 내 입장에 대한 설명을 늘어놓는 것은 그 다음이 되어야 한다. **내 행동이 그런 식으로 너를 서운하게 했구나**라든가, **나였어도 정말 서운했을 것 같아**라든가. 이런 식으로 먼저 공감하고 마음을 달래준 뒤에 자신의 생각을 전해도 결코 늦지 않다.

  물론 때마다 경우마다 다를 것이다. 또한 사람이기 때문에 내가 아닌 다른 사람의 사정과 서운함을 완벽히 이해하는 것은 불가능하다. 다만 어떤 상황에서든 그 사람의 방식을 인정할 수 있도록 노력하자. 같은 자리에 나란히 서서, 같은 풍경을 바라보자.

잠든

　너의 얼굴 위로 새근거리는 구름이 맴돈다. 목 언저리에서 나는 한 줌의 숨결을 가로챈다. 물에서 뭍으로 나온 듯 내 숨은 길게 늘어진다.
　닫힌 너의 눈꺼풀 너머를 상상한다. 현악기처럼 가지런한 너의 속눈썹을 더듬어 선율을 그린다. 나의 코끝을 너의 코끝에 스친다. 너의 오목한 인중에서 그네를 타는 여자아이를 떠올린다.
　마지막으로 너의 입술에 새겨진 주름을 헤아리는 사이 너의 눈이 열린다. 나를 향해 초점을 맞추는 몽롱한 눈빛에서 나는 사랑을 마주한다.
　이 순간을 통째로 사로잡아 내 손목에 질끈 묶어두고 싶었다.

등대

　우리 각자의 마음은 **각자**라는 단어의 구획적인 발음이 주는 느낌처럼 서로 엄격하게 단절된 공간을 가지고 있다. 공간과 공간 사이에는 소우주가 있다. 별과 별 사이보다도 먼, 거리가 측정될 수 없는 **무無**의 공간이다.

　그러므로 우리는 노력해야 한다. 우리가 만약 누군가를 사랑한다면, 그 무의 공간에 **의지意志**라는 질료로 구성된 통로를 구축하기 위해 애써야 한다. 이 통로를 통해 각자의 생각과 감정을 정제된 언어로 공유할 수 있어야 한다. 단어들의 조합만으로 교감하고자 하는 것의 본질을 가리킬 수 있도록 몽타주화하여 상대를 향해 비추려는 노력을 멈춰서는 안 된다.

　이쪽에서 저쪽으로, 나에게서 너에게로 등대의 빛을 쏘아야 한다. 글이 그것을 가능하게 한다. 글은 말보다 섬세하고 구체적인 빛이다. 구획된 공간의 사이를 뚫고 미약하게나마 서로를 향해 빛을 비출 수 있는 유일한 도

구다. 모든 종류의 사랑을 위해 우리는 계속해서 등대의 통로를 갈고 닦아야 한다.

사월의 편지

 사소한 문제로 너와 다투었다. 사소한 문제는 매번 사소하지 않다.
 나는 평소와 달리 어리광을 부렸다. 너는 평소와 달리 못난 모습을 보이는 나를 이해하지 못했다. 어쩔 수 없다. 사랑하는 것과 이해하는 것은 별개라고 했다. 누군가를 더 많이, 더 깊이 안다고 해서 그 사람을 더 많이, 더 깊이 사랑하는 것은 아니다. 물론 이해하지 못한다고 해서 사랑하지 않는 것도 아니다. 사랑하면, 인정하게 된다. 내가 이해할 수 없는 부분이 너에게 존재한다는 것을, 그리고 네가 나를 이해할 수 없는 부분 또한 존재한다는 것을. 이해할 수 없음에도 불구하고 아무런 논리 없이 너의 편에 서서 믿어주는 것이 사랑이라는 것을.
 다투고 나서 이런 생각을 했다. 만약 내가 어떤 이유 때문에 심적으로 유약해져서 힘겨운 시간을 보내고 있다면, 못난 모습을 자주 보이게 돼서 너를 지치게 한다면, 너는 나의 그런 모습까지 지켜봐주고 안아 주고 사랑해 줄 수 있을까? 내가 어떤 모습이든 너는 나를 나라는 사람 자체로서 사랑해 줄 수 있을까? 나라면 그럴 수 있을까? 나는 너를 너라는 사람 자체로서 사랑하고 있는 걸까?

그러자 나는 두근거렸고, 겁이 나기도 했다.

서로에게 항상 좋은 모습만을 보이려고 하면, 사람인 이상 지칠 수밖에 없다. 서운함과 괴로움을 토로하지 못한 채 참고 감추기만 하면 마음의 건강을 유지하기 힘들어진다. 사람은 그렇다. 사랑에서도 그랬다.

한편으로는 다투게 되어 다행이라고 생각했다. 다투기도 해야 한다. 미운 감정은 즉각적으로, 그럴 수 없다면 조금씩 때때로 걷어낼 수 있어야 한다. 피하고 싶은 마찰과 갈등도 정면으로 함께 겪어나갈 줄 알아야 한다.

그러다 보면 사랑의 못난 면을 하나씩 알아갈 수 있다. 더 잘 인정 할 수 있고, 더 잘 수용할 수 있다. 사랑은 내가 보는 각도에서 보이지 않는 다른 면을 여럿 가지고 있다. 많이 구르고 부딪혀 봐야 한다. 고개를 돌리거나 질끈 눈을 감아버려도 안 된다. 그 과정조차 사랑할 수 있어야 한다. 나이면서 내가 아닌 또 다른 내가 되어 우리를 바라보는 법을 배워야 한다.

    나는 종종 나 자신에게 다짐한다. 안으로만 다짐할 때도 있고, 밖으로 꺼내어 다짐할 때도 있다. 너의 못난 모습도 사랑할 것이다. 너에 대한 나의 미운 마음도 사랑할 것이다. 그로 인해 내 자신이 지치고 상처받게 되는 것과는 별개로 너를 사랑할 것이다. 보다 깊고 건강한 품을 가진 사람이 될 것이다.

    안다. 미래의 순간에 대해 함부로 약속하는 말을 해서는 안 된다는 것을. 현재의 말은 현재의 순간에만 예속되는, 미래의 순간에 관여할 수 없는 말이라는 것을. 그 허망한 위험성을 알기에 나는 홀로 다짐한다. 그 말이 그저 부질없는 것으로 치부된다는 사실이 싫다. 설령 무의미한 것이라고 해도 나는 현재의 나에게 다짐을 남겨둘 것이다. 다짐의 허망함에 독백으로 저항할 것이다. 그럴수록 내 안의 의지에는 근육이 붙는다. 눈으로 볼 수 없는 사랑이라는 관념에 나의 의지로 구성된 육체를 부여할 것이다. 감정이라는 옷이 모두 벗겨져도 사랑의 육체가 남을 수 있도록.

4월 28일

사랑의 몽타주
a montage of love

초판 1쇄 발행 | 2015년 5월 22일
개정 9쇄 발행 | 2025년 8월 20일

지은이 | 최유수
이메일 | yschwn@gmail.com

ISBN 979-11-957046-2-0
published by doorspress
printed in Seoul, Korea
email | doorspress@gmail.com

*이 책의 저작권은 저자와 도어스프레스에게
있습니다. 저작권법에 의하여 한국 내에서 보호를
받는 저작물이므로 저작권자의 서면 동의 없이는
어떠한 형태나 수단으로도 이 책의 내용을
이용할 수 없습니다.